În umbra iubirii

Poeziile complete

De

Martin Robertson

În umbra iubirii

Include lucrări de la
In The Shadows Of Promise

Prefață

Am fost crescut pe o stradă multiculturală din Montreal numită Mountain Sights începând cu 1965. Strada era o piață de idei și un studiu intim al culturilor. Datoresc mult privilegiului tuturor experiențelor mele din copilărie, atât fericite cât și triste.

De la locurile de joacă ale aleii din spate până la liceu la care am fost transportat cu autobuzul. Am fost un copil foarte norocos în cea mai mare parte. Crescut în primul rând de o mamă singură și fiind un singur copil, am învățat la o vârstă fragedă cum să mă descurc de afacerile vieții.

Deși nu aveam prea multe, am reușit să creez prietenii puternice, de lungă durată, dintre care multe le mențin până în zilele noastre.

Sunt foarte impresionat de poeții romantici din secolele al XVIII-lea și al XIX-lea. Îndrăzneala să scrii despre emoții, natură și dragoste ar fi putut părea impertinentă față de formalitățile instituției și protocoalele pe care le controlau. Curajul lui Whitman, de exemplu, este încă o piatră de încercare până în ziua de azi, iar imaginația lui Mary Ann Evans, cunoscută în mod obișnuit sub numele de George Eliot, este, de asemenea, una dintre preferatele mele. „Doi îndrăgostiți" este una dintre numeroasele ei bijuterii.

sper că îți place

Martin Robertson

Dedic această carte celor doi fii ai mei

Ei au dragostea mea
pentru totdeauna.

conţinut

În așteptare
In Vino Veritas
Ceață din motiv
California
Acel inel de logodnă
Un nou-născut
Cu fiecare oraș
atâta
Tu esti motivul
Strada Pare
Cizme împrumutate
Pe nouă dragoste
Nimeni Dar Câțiva
Această femeie este o insulă
Curaj
În Orice Adevăr
Pe Iubire
Toate în umbra promisiunii

În umbra iubirii

<u>Mai mare decât mine</u>

Sunt mai magnifici decât pot deveni eu
O versiune mult îmbunătățită a mea.
Puterea și frumusețea fiilor mei
Intelectul și creativitatea lor
Ei mă transcend.

Esența lor
O lumină pe care niciun giulgiu nu o poate ascunde
Nicio umbră nu se poate întuneca
Marile spirite rămân și ele cu ei
Să îndrume și să păzească
trece peste mine

Ochii lor țin trecutul și viitorul
Vise fantastice de mâine
Minunea a tot ceea ce este plin de speranță
Curajul a tot ceea ce este promis
Sunt mai magnifici decât pot deveni eu

<u>Mă repez spre ea</u>

În vale acum
Umbra vulturului
Planând peste munte
Plutind linistit peste mine.

Sabia mea cântărește greu
Mânerul este frecat neted de calus
Marginea a fost marcată de luptă.

Ultima pâine doar în barbă
Și toată apa s-a scurs din mine
Cămașă pătată de sânge și transpirație
Kilt în bucăți peste rănile picioarelor
Mușchii tăiați ustură.

Gândul la ea mă face să merg mai departe
Îi simt mâna pe pieptul meu
Cald si iubitor
Ochii ei s-au fixat asupra mea
Albastru safir, etern, iubitor
Toate acestea mă țin hotărât.

Noaptea care vine mă ajută să mă grăbesc
Văd acasă acum
Stivuiți fum
Ea mă așteaptă acolo.

Zâmbetul ei din prag
Cămașa ei de noapte din dantelă albă
Părul lung în briza muntelui
Inima mea acum mai tare decât pasul meu.

Mă repez spre ea.

<u>Doare Prea Tare</u>

Cât de dor de ei
Cum visez la ei
Cât sper și mă rog pentru ei
Sunt atâtea ce vreau să spun
Dar doare prea tare.

da, le iubesc
Da, mi-aș dori să se schimbe lucrurile
Da, îmi pare dureros de rău
Sunt atât de multe pe care le-aș putea explica
Dar doare prea tare.

Am așteptat prea mult acum?
Am ratat o șansă cu ei?
Mi-am rupt inima în două?
pot sa ma iert
Asta doare prea tare.

<u>Chemarea șoimului</u>

Urcarea a fost ușoară
Fiecare captură este fără efort
Fiecare pas sunet și în siguranță
Mesa netedă și fără cusur.

Am întins gol pe piatra caldă
Soarele mă completează
Aerul deșertului mă hrănește.
Eu folosesc galaxy
dispar din plăcere.

Trec pe lângă stele și prin ele
Prin și dincolo de nenumărate planete
Culori, sclipici de lumină, arome,
Toate într-o clipă.
Trec tăcut și inofensiv
Prin stâncă și gheață
Oceane și timp
Păduri și creaturi.
Aud doar sunete pure
Orchestra raiului
Un Mezzo Forte de voci perfecte
De la bariton la soprană
Toate în armonie.
O plăcere continuă și consecventă.

Chemarea șoimului mă trezește.

<u>luncă</u>

Îngenuncheat lângă un pârâu
Apa era dulce și rece
Fantastic în palmele mele și pe buze.

O briză caldă și liniștitoare
Purtând parfumul a o mie de flori.
Lunca completă și perfectă.

Mă întorc către o siluetă din spatele
meu
Un străin, deși nu eram îngrijorat.
Fără față, mă feresc de soare.

O mână ajunge la umărul meu
Atingerea liniștitoare.
Un val liniștitor de confort curge
prin mine
Cobor din nou în apa cristalină.

<u>Fericirea copilului</u>

Pe picioare mici
Alergare
De mult de când era în pântecele mamei sale.

Se mișcă repede
Când în frică
Pentru o îmbrățișare sinceră
Învăluitor
Sigur
Odihnind.

Bărbia pe umărul mamei
Moale și cald
Răpire adormit
Mișcare sigură
Prin masa urbană
Lui nu ii pasa
Pe măsură ce necazurile trec.

Beau Visage

Cafe Cognac
O linie albă
Prea multe de râs
Atât de multe de spus.

Montreal noaptea
Cluburile se închid târziu
Deschide devreme
Dansatorii comit o crimă

O altă cafenea cu coniac?
O altă linie albă?
Atât de multe de râs
În timp ce rămâne fără timp.

Putin mai încet

Știu că ceva nu este în regulă
Te pot ajuta
Te pot ajuta să vezi toate acestea
Văd cum te simți.

Lasă iubirea mea să-ți dea o șansă
Lasă iubirea mea să-ți dea viață
Lasa dragostea mea sa-ti dea speranta

În visele mele te strâng strâns
Poate mi-am pierdut toate intențiile bune
Dar în visele mele mă simțeam perfect
Mă voi mișca puțin mai încet.

<u>Chiar in fata</u>

Fumul mi-a trecut prin buze
Înnori în sus reflecția
Și timpul nu pare să se miște
Exact cum ne-am dori.

Trebuie să ies afară
Trebuie să mergi mai departe.

Se pare că nu te face să te întrebi
De fiecare dată când îl lași să alunece
Asta dacă ai avut o notificare
Ai vrea?
ai ieși afară

 Ploaia de ieri
Pe iarbă noaptea târziu
Picioarele mele sunt ude.
Caut pacea acum
Caut o bucată de minte.

fugi acum
Cu disperarea aproape în spate
Trebuie să ies afară
Trebuie să mergi mai departe.

<u>imi inchid ochii</u>

Văd cele mai bune amintiri ale mele
Strâns în mine
Sufletul meu se ridică
Chiar in fata.
Vezi ca stiu
Mă vezi ieșind
ieși privind înapoi
Și te văd acum
Te văd plângând

Și întinzi mâna
Ajunge la mine
Și nu mă poți atinge
Dar te simt
De fiecare dată.

Tu pui la îndoială totul
Dar vei găsi o cale
Veți înțelege corect.

<u>Libertate</u>

În zorile înfricoșătoare
Cu mișcări nerestricționate
Calul te ține de cald.

Mâinile strânse strâns
Ca o pânză spre un catarg
Zăpadă moale
Trecând pe sub tine.

Tu vezi lumina
A unei cabine calde
Zâmbet
Știind că cineva este acolo

Așa că rămâneți în câmp
Pentru puțin timp mai mult
Doar tu
Și iapa ta cu sânge cald.

<u>Ea doarme</u>

Am plutit în noaptea rece
Ascunsă în întuneric o văd.
Subtil ca vaporii mă apropii.
Pulsul din gât îi tremura de viață
Viață îmbătătoare vibrantă.
Cu cel mai slab sărut
dispărea în eter.

<u>Ineptias</u>

Se sting luminile și încă îmi găsesc drumul
Van Morrison pe vinil, vin în paharul meu
Confuzia se răspândește prin minte
La fel ca întotdeauna.

O sărbătoare sufocantă a imaginației
Răspândit pe urechile pietonilor.
Conversații goale
Din minți altfel prețioase.

E greu să înoți puțin mai adânc.
aș veni după aer
Și găsiți pe alții pe linia de plutire
S-ar putea să se ude, dar nu se îndepărtează
niciodată.

Amintiri repetitive
Niciodată idei dureroase.
Simțul umorului
Niciodată departe de a fi salacios.

Nimeni nu vorbește niciodată despre vise
Nimeni nu vorbește despre cine sunt cu adevărat
Ce înseamnă ei pentru ei înșiși
Care dorințe contează.
La fel ca întotdeauna

<u>Sclipirea smaraldului</u>

Sub căldura soarelui
Într-un câmp de iarbă înaltă
O grădină cu ziduri de piatră.
Ceața se retrage.

O cheie de boltă strălucește
Arcade acum prezent
Ea stă printre florile noi dinăuntru.
E conștientă de distanța mea?
Progres prudent acum.

Fața ei ascunsă de ghirlandele părului ei
Ea dansează într-o briză nouă.
Poate un zâmbet blând.
Se culege o floare
Adorată de atingerea ei

Buzele mele se despart încet pe măsură ce
timpul încetinește
Să o privești este un privilegiu
Corpul ei se leagănă în timp ce savurează
parfumul.
Sub căldura soarelui
Așteptând strălucirea smaraldului
Ascunsă adânc în ochii ei
Asta va elibera potopul de persuasiune.

<u>Al Credincioșilor</u>

la ce visezi
Credincioșii mei
În timp ce minți atât de liniștit
La picioarele patului meu?
Există mingi și jucării
Să te joci?
Sau oase de săpat
Din pământ dulce și întunecat?

Ce vezi
În mintea aceea curioasă
În timp ce vă fluturați labele
Și îți tremură haina caldă?
Sunt acolo cu tine
Într-un câmp înierbat
Ar trebui să ne jucăm să aruncăm și să
prindem?
Sau alergăm și mai departe
Prin zilele nesfârșite de vară?

Continua sa visezi.

Zori de iarnă

Nu te-am uitat, prietene cu vânt
În timp ce furi și înconjori lumea mea
Si tot noaptea cu respiratia ta timida
Făcând frunzele care cad să-mi înmoaie pasul.

Am asteptat deocamdata
Ca să vezi cum mături pământul deșeurilor
verii
Dându-i zborul zburatorului
Și moartea celor pe moarte.

Am așteptat îmbrățișarea ta rece
De obrajii mei trandafirii și lacrimile de cristal
Pentru a-mi aminti de valurile prețioase ale
vieții
În marea existenței mele.

Ce avertisment politicos dai
De frigul care va veni cu siguranță peste mine
Așa că s-ar putea să aduc lemne pentru a-mi
încălzi casa
Și acoperă-mi patul cu pilota mamei.

Ce mare grijă ai
Pentru a împărtăși speranțele anului trecut
Și dragostea prietenilor și a familiei, de
asemenea
Toate cu vise îndepărtate și noi.

Nu te-am uitat, prietene cu vânt
În timp ce marii nori dansează pe
cântecele tale ale timpului
Pentru a limpezi dimineața pentru ca
soarele să zâmbească
Și topește gerul
Pe câmpurile de iarbă înghețate.

<u>Visul așteptărilor</u>

      L-am găsit pe prietenul meu James
Un frate tânăr pentru mine
Sau m-a găsit.

M-am trezit în splendoare
Știind că nu trebuie să plec
Nu vă faceți griji.

Am zburat spre repere exotice
Mă opresc să o iau
Mă hotărăsc să mă odihnesc.
Am ținut o femeie pe care o iubeam
Voința mea, bucuria ei
Ea are încredere în mine cu alții.

Fiii mei se bucură de compania mea
Ochii li s-au umplut de credință
Ei spun că mă iubesc.
Prietenii mei m-au văzut într-o lumină nouă
Scuzați-mi absența
îmbrățișează-mă

Corpul meu era sănătos
Cu sămânța generațiilor
Neobosit și chipeș.

<u>Acel moment</u>

Este în grația și entuziasmul ei
Asta îl face pe acest om să se oțelească
Pentru acel moment de atracție.

Această subtilitate, materialul ei
Această tandrețe, crezul ei
Această pasiune, darul ei altruist.
De bunăvoie, flexibilă pentru nimeni, în
afară de cine alege ea.

curbe frumoase,
mătăsos la atingere
Ridicul științei și întâmplării
Toate scopurile se predau pentru acel
moment
Toate necazurile pierdute în fața
Providenței senzuale.

Este în aspectul și înclinația ei
Asta validează tot potențialul
Pentru acel moment de atracție.

<u>Pentru a menține confortul</u>

În repaus, îmi citesc cu atenție mâinile
Scanând anii din ei
Mi-au servit pe mine și pe alții.

Cicatricile și poveștile din ele
Sărutat de lama rece de oțel
precum și buzele moi și calde.

Durere și răni în ele
Încă capabil să ghideze și să creeze
Învață și cedează.

Fiecare vale a lor
Ca drumurile străvechi pe un peisaj
sterp
Născut din roți de car.

Sângele care curge în ele
Susținerea râurilor Crimson
Pulsează întotdeauna chiar sub piele.

O astfel de speranță în ei
pentru a păstra din nou confortul.

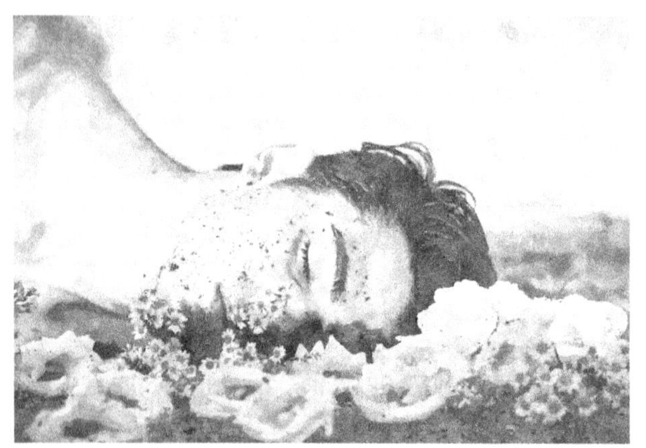

Pasiune

rupe hainele mele
Lasă suflarea cărnii mele
Scapă în frig.

Ce vezi
În reflectarea sângelui meu?
Poate chiar tu?

intelege-ma
În timp ce lacrimile tale curg pe buzele
mele
te ascult
Ca strigătul tău cel mai profund
Se estompează în noapte.

Ștergeți-vă urmele de pe oțel
Pune-o în mână
Cine va sti?

te-am iubit
Am fost adevărat
Sărută-mă.

In memoria

Mâna vie
Pune cuvintele pentru morți în piatră
Mult tribut pentru ceea ce este pierdut
Și ce este trecut.

Va deveni spiritul meu conștient?
Al acestui memorial?
Voi avea ochi să-l văd?
Mi-aș putea peria obrazul
Impotriva?
Aș simți piatra rece pe buze?
Pământul ud de pe genunchii mei?

Nu am nevoie de acest tribut de piatră
Pe măsură ce trec în lumină
Dincolo de înțelegerea noastră.

<u>Om nou în zori</u>

Mintea mea este goală
Parcă eviscerată de foc
Focul pe care l-am creat în inima mea
Alimentat de angoasa din propriul meu suflet.
Sufletul meu rău
Un sclav al viciilor și dorințelor.

Slab acum
Sângele vieții mele otrăvite
S-a scurs din corpul meu.
Mai ușor să te simți puternic
Când sufletul este rău
O vigoare falsă.

Fie ca golul meu să fie umplut
Cu dragoste, onoare și curaj.
Îmi place să-mi dai curaj.
Onoarea de a-mi oferi mândrie.
Curajul de a cuceri toate acestea
Ceea cc m-ar sfâșia.

Nu voi fi doborât.

<u>Solacium</u>

Era un bărbat
S-a dus unde a ales
Am sperat că va veni la noi.

Vorbea rar
Și am vrut să ascultăm
Pentru că cuvintele erau viață.
El ne-ar învăța
Și am vrut să învățăm.

Nu prea avea
Deși ne-a dat totul.
Curgea ca și cum ar curge un râu.

Când nu mai era nimic
Pentru ca noi să învățăm
Gata cu durerea de calmat
A pășit peste orizont
Lângă lumină
A unui soare care apune.

<u>Play It Again G.I.</u>

Este o noapte rece și amenințătoare
Doar o inimă care bate îmi ține companie.

Cum am rezistat atât de mult?
Vă rog să nu lăsați pe cineva să mă ia.
Trebuie sa dorm.
Se pare că nu voi mai vedea niciodată soarele
Dragă Doamne, cât de dor mi-e de soare.

Când se va termina această durere?
Când voi fi liber?
Corpul meu se simte atât de slab, dar pușca
mea nu va cădea
Din aceste mâini însângerate.
E tot ce am pentru a-mi salva prietenul pe
moarte
Și ce a mai rămas din mine.

În sfârșit, la naiba!
Simt oțel rece în picior
Și morfina se simte ca un prieten pierdut de
mult.

Jungla se retrage de sub mine
Ca de multe ori inainte
Și iar și iar.

<u>Concediu la mal</u>
   (mesaj de pe o barcă)

Scărpinând sângele uscat din ochi
Le deschid către un alt întuneric
Miroase a abator
Metalic și îmbătrânit.

Fum și abur
Din răni deschise
Umple-mi plămânii și estompează cerul
nopții
Dincolo de tavanul spart.

Cu picioarele umflate
Mâna mea rătăcește
Îmi ating un stâlp peste piept
nemișcat
De parcă ar fi o parte din mine.

Un bliț alb strălucitor
Văd pentru o clipă
Ochii fără viață din jurul meu.
Acum tună.

În timp ce o lacrimă de sânge curge pe
fața mea
Îmi petrec ultima suflare
Și plutește prin tavanul spart.

<u>Toamna</u>

Reținându-se un oftat
Spre dimineața veșnică
Stau întins în strânsoarea rece
Dintr-o crăpătură uitată
În stânca stâncoasă a peisajului
întunecat al minții mele
Am nevoie de vocea ta
Și este o voce minunată.

Tânjesc după căldură
Din dragostea pe care am împărtășit-o
În timp ce înfrunt prin ploaie
Sub cerul gri
De toamna

Ajungând cu disperare
Pentru scăparea inimii mele
Mâinile mele nu găsesc nicio achiziție
În groapa creației mele.

Momentele sunt singuratice
În zilele gri ca acestea.

<u>Adevărul din ochi</u>

Se aude muzica
Zâmbete observate
Toate sub control.
Sentimente adevarate
Mult mai jos
Dar puternic.

Curaj îndrăzneț
Deși doi în fervoare.
În căutarea direcției
În mijlocul celor dragi

Încredere în încercare
Încrederea asigurată
Realizat prin grija.
Acum atât de inconfortabil
În timp ce se confruntă
Reciproc

<u>Singurătate</u>

Trezirea devreme într-o răceală singuratică
La impresii bântuitoare
de o mână blândă parfumată,
Îndrăznind să nu-l închid pe al meu
Mi-e frică să găsesc
O palmă goală.

Amintiri dureroase
Momente subtile de dragoste
Tandrețe prețioasă
Proiectat în adâncime întunecată
Lucid, dar trecător.

Vărsând o lacrimă singuratică
Se rostogolește
Încet ca timpul
Sărat, fierbinte
Se estompează pe perna mea.

Cu putina rezerva
Ochii mei sunt deschiși
Durerea lăsată din nou deoparte
Cum mă trezesc devreme
În frigul singuratic.

În așteptare

Ce merită să încerci răbdarea?
Nu ar trebui să fie o perioadă mai puțin
dificilă
Când este disciplinat pentru oricare
dintre rezultate?

Distragerile trecătoare
Care apar prea rar
Umpleți, dar doar pentru scurt timp
Timpul însuși a lăsat-o în urmă.

Momente de incertitudine
Constant și curios
Odihnește-te
Doar pentru a prada atunci când este cel
mai vulnerabil.

De unde aceste momente?
Ca niște răpitori care pândesc în cea mai
întunecată parte a nopții
Fără compasiune
Nemilos și precis în scop.

Ce recompensă s-ar hrăni

Să aducă înapoi în cuibul lor
   Făcut din legături misterioase?
   Sunt bucăți de durere de inimă
   colectate de la alții
   Imprăștiați în golul lor întunecat?

   Ce merită timpul
   când nu este binevenit
   De acum până la sfârșit.

In Vino Veritas

O astfel de mizerie mormăioasă
Rămășițe persistente
Conversație și dezbatere
Întins pe masă și pe pervaz.
Toate paharele sunt goale, cu excepția mea.

Stând într-o liniște splendidă
Contemplând ideile împărtășite
Discuții dogmatice
Mărturisiri solemne
Aparent fără sfârșit.

Apoi, obiecții amabile
Apoi căutarea odihnei
Mulțumesc pentru sfârșitul nopții.

Ceață din motiv

O ceață ciudată
Mergând spre mine
Mă trage departe
Imediat
fă-mă să tac
Departe ca într-un gol.

Sunt obligat să mă întind
Ar trebui să fiu tulburat
Un sentiment atât de puternic.

Această ceață de rău augur
Design ciudat
Acum mă acoperă

Încă îmi țin respirația
Cu trepidare
Așteptare atentă, așteptare conștientă.

Plouă.

<u>California</u>

Mă imaginez la un foc de tabără
Adorata de dragii nostri prieteni
Deși odată cu anotimpurile zâmbetele
se estompează mai brusc
Acum rămânem fără timp.

Pot să mă întorc în deșert?
Și să fii liber cu toată lumea?
Aud refrenul îndepărtat
Și îmbrățișați soarele apus?

Ia-mă de mână și mergem acolo
Să urce pe stâncă sau să mergi mai
departe
Lasă-mă să dispar în sfârșit în tine
Esența mea plutește printre copacii
Iosua.

Acel inel de logodnă

Lucrurile pot deveni puțin complicate
Am nevoie de un timp și un loc pentru tine, iubito
Nu putem continua așa
Mă dă lacrimi să nu te țin în brațe.
Mi-e dor de felul în care mâinile mele se simt pe
șoldurile tale
Mi-e dor de gustul gurii tale pe buzele mele
Am nevoie de tine, dar ai acel inel.
Când se va schimba?
Când îmi poți da ceea ce vreau?
Când vă pot oferi ceea ce aveți nevoie?
Tot ce am este totul, oricând.
Trebuie să mă trezesc cu tine
Trebuie să te fac să te simți bine
Trebuie să spun adevărul
Trebuie să te văd în seara asta
Dar ai acel inel.

Un nou-născut

Totul începe adânc în interiorul unei persoane
Unde sursele a doi
Combină într-una singură.
Acolo unde copilul formează rădăcini
Pentru existența necăutată în viață.

Acolo se pregătește o rețea de minte și
memorie
Și crește într-un bazin de anticipare senzorială
Calitati date de la mama
Nu foarte bine cunoscut
Pentru a seta un caracter
Căci lumea lui nu a fost arătată.

În curând să experimenteze
O diferenta foarte mare
În timp ce el deschide ochii
Și descifrează ceea ce are de învățat încă
Deci el poate trăi și compune
Un nou-născut.

Cu fiecare oraș

În timp ce închid ochii când sunt singur
Te văd zâmbind.

Când mă gândesc la toate vremurile
noastre incomode
Văd că încercăm.

Pe măsură ce acele amintiri cresc prea
mult
ne convingem că este mult prea puternic
a unui sentiment
a merge prin.

Când aud fluierul acela de tren
Voi fi gata.

Și când mă uit în jur după tine
Sper că sunt statornic.

Cu fiecare oraș pe care trec
o bucată din mine va rămâne în urmă
ma intorc la tine

<u>atâta</u>

Lasă-ți telefonul să sune
Poate fi altcineva
De fiecare dată când sună provoacă atât
de multă durere.

Se bate în ușă
Lasă-i să bată încă o dată
Du-te înapoi în pat și poate vor pleca.

Mergeți până la plajă
Pas la mare
Privește apa care îți înconjoară pașii.

Și tu plângi
Ai atât de multe întrebări
Te întrebi de ce trebuie să însemne atât
de mult pentru tine
Și mereu ai chef să încetinești.

Periați-vă mâinile pe paharul umed
Urmăriți cum curge apa
Ca și speranțele tale, gândești atât de
profund pe cont propriu.

Trezeste-te din lacrimi
Numai fricile tale te fac să te ascunzi în
pat
Nu te putea lăsa în pace.

O eșarfă pe scaun
Știi mirosul
Chiar a plecat?
I-a păsat vreodată?

Și tu plângi

Tu esti motivul

Nu știu unde am găsit puterea
pentru a reține lacrimile
Dar cunosc acest sentiment de inima
singuratică
ar putea rămâne cu mine ani de zile.
Mi-aș dori să am șansa să-ți arăt mai multe.
Tu ești motivul pentru care există iubire.

În fiecare noapte când obosesc
Mă tărăsc în patul meu
Dar când închid ochii îți miros corpul
Și eu rămân treaz în schimb.
Nu credeam că va fi așa.
Nu ne mai putem săruta?

De fiecare dată când sună telefonul
îmi taie răsuflarea.
Încă aștept să aud de la tine
spune că ești pe drum.
Dar este doar un prieten care știe că sunt
dezamăgit

Când merg pe o plajă singuratică
sau vreun loc romantic,
Inca pot sa aud vocea ta minunata
dar nu-ți văd niciodată fața
iubito, întoarce-te, am nevoie de tine
mai mult
Tu eşti motivul pentru care există
iubire.
Dă-mi încă o şansă să-ți arăt mai multe.
Da, tu eşti motivul pentru care există
iubire.

Strada Pare

îi voi întâlni acolo
am promis

Ceva este în neregulă cu bicicleta mea
Nu pot pleca chiar acum
Părinte, poți să o repari?
imi poti arata cum?

Prietenii mei mă așteaptă
Terry, Jeff și ei
Am bani pentru pinball
Îi pot învinge pe toți.
Eu pot

Părinte, unde mergi?
Ai spus că vei fi mereu acolo
Te vei întoarce?
te voi cauta
Coborând pe strada Pare
În Cadillacul tău alb.

<u>Cizme împrumutate</u>

Dacă aș avea un zâmbet frumos
Aș juca pe ecranul de argint
Aș fi cel mai mare actor
Brando a văzut vreodată.

Dar nu mă pot ține de picioare
Pe aceeași pistă
Când fac un pas înainte
Fac doi pași înapoi

Dar e un lucru,
Sper să nu pierd niciodată
Și aceasta este dragostea mea pentru tine..

Pune-mi cizmele împrumutate
Ieși pe ușa din față
Până când mă suni
Nu voi mai locui acolo

Dacă ar trebui să mă vezi în picioare
Afară, în ploaie torențială
Ei bine, nu-ți face griji
Pentru că ameliorează durerea

Dar există o durere
Sper să nu pierd niciodată
Și aceasta este dragostea mea pentru tine..

<u>Pe nouă dragoste</u>

Oh, ce mi-a făcut femeia asta?
Cu farmec atât de strălucitor
Furându-mi inima
Cu săgeata lui Cupidon
Nici urmă de zbor
Nici urmă de rănire

Torturat de timp
o astept
Și șansa mea
să respire din nou.

Nimeni Dar Câțiva

Se dă doar suficient la un moment dat
Cuvinte și emoții împărtășite cu
prudență
Și pe bună dreptate.
Nu este o joacă de copii la îndemână
Aceasta este de dedicații mai puternice.
Adus de la un teren mai înalt.
A cărui esență nu este un scop pentru
rău.
Nu există confort aici
Nicio recompensă pentru cei care aleg
să se retragă.
Nicio compensație pentru efort.
Nu este loc pentru aroganță.

Să renunțăm cu toții la ezitare
Și bucurați vă de curajul nostru.
Doar câțiva au venit aici și au câștigat.
Doar câțiva le pasă de consecințe.
Pentru că a vedea aceste momente este
o victorie
Pentru suflet și pentru mintea vie.
Aceste momente sunt izvoare ale vieții
Numai dragostea adevărată poate spăla
iluziile noroioase ale devotamentului.

<u>Această femeie este o insulă</u>

Am început navigația
Nava mea, încercată și adevărată
Un vânt cald mă duce înainte
Prin ape neexplorate
Pe o insulă după care tânjesc.

Nu există temeri
Fara regrete
Timpul este nedureros
Mă odihnesc în această briză
reconfortantă
Asta mă duce în paradis.

Când simt confortul
Nisipul ei cald pe pielea mea
Voi lua o pauză
Află cu răbdare
Comorile ei ascunse.

<u>Curaj</u>

Venind la înțelegere
Cu temerile și limitările cuiva
Este una dintre multele Căi
Pentru a trăi o viață liniștită.

Măcar încearcă
Să crești cu acceptare.
Învață prin experiență
Și iubire necondiționată.

Mai presus de toate
Dă o șansă curajului.

În Orice Adevăr

S-au făcut atât de multe.
Puterea istoriei
Dă-i mireasa de mâine
Confortul pentru care a fost sângerat.

Timpul permite noua parte a inimii noastre
A fi auzit.
Nu există nicio pierdere de statură
În această marfă.
Nicio pierdere a integrității în niciun adevăr
Asta e pe buzele noastre.
Puteți gusta toată istoria
Într-un singur adevăr.

Timpul permite reconsiderarea
Pentru iertare.
Pentru dragoste și ingeniozitate
Și, din păcate, timpul permite războiul
Și în război sângem pentru mâine.

Pe Iubire

Atât de neliniștită este mintea
Asta urmează o inimă goală
Pe un drum întunecat și îngrijorat.

O cale confuză și nedorită
Deși în fața mea rămâne
Așteaptă să pun locul
Un picior reticent în fața celuilalt.

Aș găsi dragostea?
Tocmai trecusem pe lângă ea?

Cum blestemăm lumea asta
Ceea ce necesită atât de mult direcție.
Cine sunt eu ca să-mi cunosc valoarea?
Când interesele mele sunt atât de multe
Și singurătatea mea atât de mare.

Ar trebui să fug la ea
Ar fi adevărat?
Sau aș tenta din nou durerea deinimă.

Nu există nicio logică în dragoste
Și pentru asta îmi pare rău amândoi
Și recunoscător.

<u>Toate în umbra promisiunii</u>

Cum ghidează viața atât de mulți oameni
diferiți
În atâtea locuri diferite
Este soarta punctul de referință absolut?
Sau poate adevărul?
Șansa poate?
Dragoste?
Suntem prea dornici să ignorăm validitatea
ideilor noi.
Credința și adevărul, când sunt unite
Ele sunt o Evanghelie misterioasă și puternică.

Cei care pot respinge cu ușurință credința
Există chiar și cei care sunt un motiv pentru
speranțele lor
Liberi să dea crezare propriei suferințe
Sau ridiculizează-ți alegerile.
În toate dezbaterile, toate colțurile întunecate
ale caracterului nostru
Toate considerentele celei mai puternice dintre
prieteniile noastre
Chiar și aspectele înfricoșătoare
Da, chiar și pentru asta
Avem soarta.
La fel de omniprezent ca șansa.
Și totul în umbra făgăduinței.

Cu acea bijuterie pe care o găsim în
personalitățile noastre
Suvenirul pe care îl prețuim și care ne desparte
de îndoială
Găsim noi puteri.
Și nu lăsa nimic la voia întâmplării
Putem ieși din umbră
Și să înfrunte soarta.
Și nu ar trebui să sângerăm din nou
Pentru ceva mai puțin decât dragoste.

Mulțumiri suplimentare
La următoarele

Mikhail Konetski
Mati Mango
Pixabay
Fernando Cabral
Rodnae Productions
Faical Zaramod
Cottonbro Studio
Tim Mossholder
Kristina Paukshtite
Helena Lopes
Igor Korzh
Sergey Meshkov
Roman Odintsov

Coperta concepută de
Martin Robertson

martinrobertsonbooks@gmail.com

www.ingramcontent.com/pod-product-compliance
Lightning Source LLC
Chambersburg PA
CBHW050601160726
48003CB00002B/1001